CADERNO DE ATIVIDADES

LÍNGUA PORTUGUESA

NOME: _______________________________ TURMA: _______________

ESCOLA: ____

Sumário

Tom Bernardes/Arquivo da editora

Introdução

Estão todos enrolados!

Apenas uma das crianças está ligada diretamente ao *videogame*.

Descubra qual é.

Vicente Mendonça/Arquivo da editora

Poema

Sentido real e sentido figurado das palavras

1 Neste trecho do livro **Diário de um banana**, o menino Greg brigou com seu amigo Rowley. Faça a leitura.

> [...]
>
> Na verdade, agora eu penso, o Rowley tem TOTALMENTE me dado o gelo nos últimos dias. E isso é muito besta, porque, se bem me lembro, foi ELE quem ME entregou.
>
> Mesmo com o Rowley agindo como um total idiota ultimamente, hoje tentei quebrar o gelo. Mas nem ISSO pareceu funcionar.
>
> [...]
>
> Jeff Kinney. **Diário de um banana**. Tradução de Antonio de Macedo Soares. São Paulo: Vergara & Riba Editoras, 2008. p. 189.

Greg usa três expressões em linguagem figurada. Marque a alternativa que substitui corretamente cada expressão.

a) Rowley tem me **dado o gelo**.

- [ ] dado pedrinhas de gelo
- [ ] tem brincado comigo na neve
- [ ] evitado, ignorado

b) Ele me **entregou**.

- [ ] trouxe algo
- [ ] presenteou
- [ ] acusou

c) Hoje tentei **quebrar o gelo**.

- [ ] martelar pedrinhas de gelo
- [ ] diminuir o frio
- [ ] iniciar uma conversa

Alberto De Stefano/Arquivo da editora

2 Leia este poema.

Castigo

Podem me prender no quarto,
Eu saio pela janela.
Podem trancar a janela,
Eu fujo pelo telefone.
Podem cortar o telefone,
Eu pulo dentro de um livro.

Léo Cunha. **Cantigamente**. Rio de Janeiro: Ediouro, 1998.

Como você diria, usando as palavras em sentido real, o que o autor quis dizer nos versos:

a) Eu fujo pelo telefone.

____

____

b) Eu pulo dentro de um livro.

____

____

3 Leia estas definições poéticas de Mario Quintana.

Pausa

Às vezes, nos dias calmos, apenas se nota uma leve ondulação na relva: são os cavalos do vento que estão pastando.

O hipopótamo

O hipopótamo é um bruto sapatão afogado.

O sonho

Sonhar é acordar pra dentro.

Mario Quintana. **Lili inventa o mundo**. Porto Alegre: Mercado Aberto, 1989. p. 17-18.

Sublinhe as expressões que estão sendo usadas em sentido figurado.

4 Utilize as palavras do quadro para substituir os termos usados em sentido figurado nas frases abaixo.

| desperdicei | centro | lindo | terrível |

a) Esse garoto é um **gato**.

Esse garoto é ___________________.

b) Bia mora no **coração** de Nova York.

Bia mora no ___________________ de Nova York.

c) Essa pessoa é uma **cobra**!

Essa pessoa é ___________________!

d) **Queimei** minhas chances de passar de ano.

___________________ minhas chances de passar de ano.

5 Você já deve ter ouvido as frases a seguir. O que será que elas querem dizer?

a) Leia.

Ilustrações: Matthew Cole/Shutterstock

b) Escreva o que quer dizer cada uma dessas frases em linguagem figurada.

____

____

____

6 Troque as expressões em linguagem figurada por outras de significado real.

a) Mãos de fada.

____

b) Olhos de águia.

____

c) Pés-de-chumbo.

____

d) Cabeça de vento.

____

Sinais de pontuação, entonação e expressividade

Sinal de aspas: " "

Vamos recordar o que aprendemos na Unidade 1 sobre o uso do sinal de pontuação chamado **aspas**. Esse sinal pode indicar:

- início e fim da fala;
- um uso especial de palavras ou expressões.

1 Leia o parágrafo a seguir.

> A Bia estava com a cabeça tão longe na aula de História que nem ouviu o sinal tocar. Ela "viajava" escrevendo o nome do Nando na agenda, em todas as cores e letras possíveis. [...]
>
> Leonor Corrêa. **De cara com o espelho**. São Paulo: Moderna, 2003.

Em qual dos dois usos indicados acima as aspas foram empregadas?

____

____

____

2 Reescreva as frases, colocando as aspas do mesmo modo utilizado na atividade anterior.

a) Eu acho que a minha amiga está com cara de nunca me viu, cara de pavio.

____

____

b) A mãe já sabia que era fingimento e não dava a menor atenção aos ataques da filha.

____

____

Sinal de parênteses: ( )

1 Leia o trecho de uma reportagem.

Skatistas superpoderosas

A *skatista* Karen Feitosa, de 11 anos, arrebentou e levou o primeiro lugar na etapa continental do Mundial de *Skate*, o *Crail World Cup*, realizado no último final de semana (10 e 11 de novembro de 2001) no Ginásio Poliesportivo de São Bernardo do Campo (Grande São Paulo).

Ana Bonatto. *Skatistas* superpoderosas. **Folhinha online**. Disponível em: <www1.folha.uol.com.br/folha/criancas/esporte-2001-campeonato_skate.shtml>. Acesso em: 16 mar. 2020.

Para que foram empregados os parênteses nesse trecho?

____

____

2 Reescreva a frase abaixo, colocando os parênteses onde for necessário.

Tudo era brincadeira na minha infância lá em Campinas S,P, sempre convidava uns amigos pra jogar futebol no nosso campinho era um campo de futebol mesmo, e a gente voltava sempre muito "esbaforido".

____

____

Sinais de pontuação: ?, !, ...

Leia a tirinha.

Chris Browne. **Hagar**.

Agora, releia e aplique os sinais de pontuação que estão faltando.

Tonicidade das palavras

1 Leia a seguir os nomes de jogadores de futebol. Você os conhece?

Ronaldo	Kaká	Neymar	Robinho
Cristiano	Rogério	Damião	Alex

Escreva os nomes desses jogadores conforme a posição da sílaba tônica.

Oxítonas	Paroxítonas

Quino. **Mafalda**. Disponível em: <http://lounge.obviousmag.org/traz_mais_uma/manolito.jpg>.
Acesso em: 16 mar. 2020.

Classifique as palavras retiradas da tirinha conforme a legenda.

A oxítona	**B** paroxítona	**C** proparoxítona

☐ péssimo   ☐ freguês   ☐ professora

☐ escola   ☐ gente   ☐ quando

3 Em qual caixa você deve colocar os nomes destes animais?

arara	elefante	tamanduá	jacaré	avestruz	leão
búfalo	hipopótamo	gambá	coelho	foca	cisne

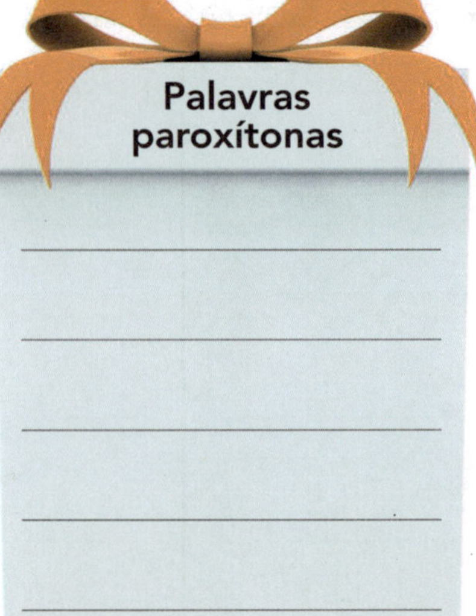

Palavras proparoxítonas

Palavras paroxítonas

Palavras oxítonas

Unidade 2

Resenha crítica

Concordância nominal: o substantivo e as palavras que o acompanham

1 Leia o texto.

Minhas férias

Eu sempre adoro as minhas férias na casa do meu avô.

Lá tem um campinho de futebol bem legal e uma turma de amigos bem grande.

[...]

Teve um dia que eu fiz um golaço. Não no futebol de botão, no de verdade.

O gol veio de um passe de craque do Paulinho, que é o meu melhor amigo entre os meus melhores amigos da turma.

[...]

Christiane Gribel. **Minhas férias, pula uma linha, parágrafo**. São Paulo: Salamandra. p. 15-16.

Releia este trecho, observando a parte destacada.

O gol veio de um passe de craque do Paulinho, que é o meu melhor amigo entre **os meus melhores amigos da turma**.

Agora, veja como as palavras da parte destacada estão relacionadas.

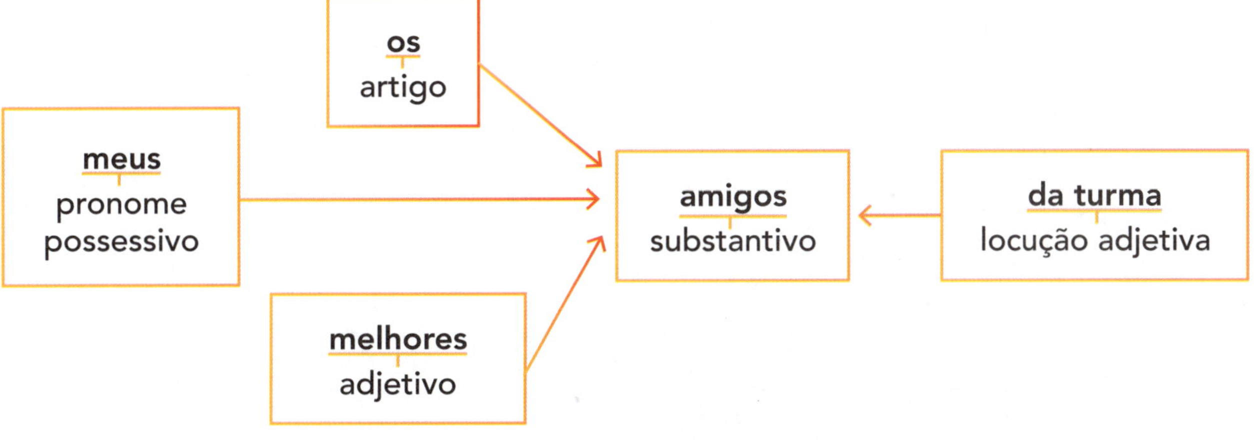

a) Qual palavra "comanda" a concordância de todas as palavras?

____

b) Reescreva "Os meus melhores **amigos** da turma.", alterando o substantivo destacado conforme as indicações a seguir.

- amiga

____

- amigas

____

c) O que permaneceu sem alterações nas frases reescritas no item **b**?

____

2 Faça um esquema com setas semelhante ao da atividade anterior com as expressões a seguir.

a) um campinho de futebol

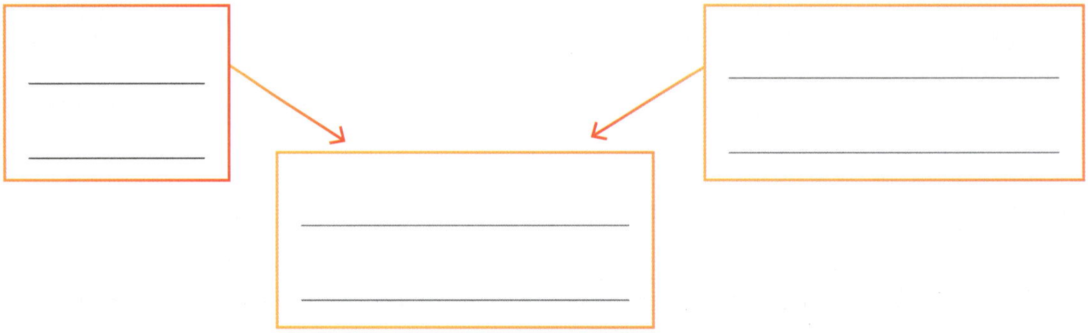

b) as minhas férias

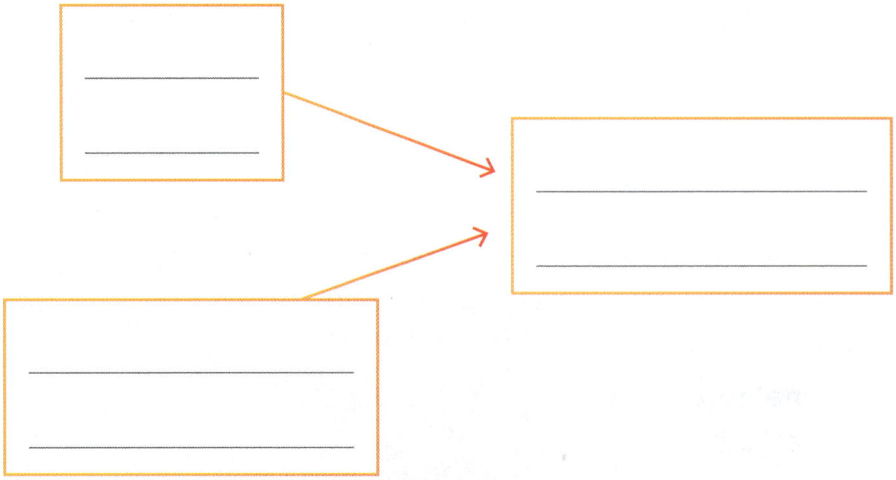

3 Faça a leitura do texto e complete os espaços com os artigos corretos. Não se esqueça de fazer a concordância.

________ Sol e ________ Neve

Era ________ floquinha de neve que vivia no alto de ________ montanha gelada.

________ dia, se apaixonou pelo Sol. E passou a flertar descaradamente com ele.

"Cuidado!", alertaram ________ flocos de neve mais experientes.

"Você pode se derreter."

Mas ________ nevinha não queria nem saber e continuava a olhar para ________ Sol, que com seus raios a queimava de paixão. Ela nem percebia o quanto se derretia... e ficou ali ________ bom tempo, só se derretendo, se derretendo. Quando viu, era ________ gotinha, ________ pequena lágrima de amor descendo, com nobreza e delicadeza, ________ montanha. Lá embaixo, ________ rio esperava por ela.

Dilea Frate. **Histórias para acordar**. São Paulo: Salamandra, 1997. p. 76.

4 Substitua os adjetivos destacados em negrito por locuções adjetivas. Veja os exemplos:

- livros **juvenis** = livros **para jovens**
- carne **suína** = carne **de porco**

a) Essa lagoa é de água **fluvial**.

____

b) O café **matinal** é uma refeição muito importante para o dia a dia.

____

c) Essa pessoa é **idosa**.

____

5 Faça uma lista de frutas com as palavras do quadro a seguir, relacionando corretamente os substantivos, artigos e adjetivos.

um	mamões	abacaxi	bananas	umas	verdes
nutritivas	maçãs	azedinhos	limões	uns	melancia
uma	grande	uns	docinho	maduros	umas

_______________________   _______________________

_______________________   _______________________

_______________________   _______________________

6 Reescreva as frases, selecionando no quadro as locuções adjetivas que substituem os adjetivos destacados.

de mãe	de irmãos	com eficiência	de boi

a) Ele fez um trabalho **eficiente**.

____

____

b) A carne **bovina** está muito mais cara do que a de peixe.

____

____

c) Ela tinha por ele um amor **maternal**.

____

____

d) Eles tinham um pelo outro um amor **fraterno**.

____

____

7 Leia e observe bem os **adjetivos** para responder às adivinhas. Se necessário, tente encontrar a resposta no quadro abaixo.

| pipoca | bala | pimenta | coco | gato | pata |

O que é, o que é?

- A mãe é **verdinha**,
  A filha é **encarnada**,
  A mãe é **mansa**,
  A filha, **danada**.

  ____

- Por dentro ele é **branco**
  Ele é **verde** por fora
  Ele é bem **fechadinho**
  E por dentro todo **inundado**

  ____

- O que tem na cabeça um pato **apaixonado**?

  ____

Eva Furnari. **Adivinhe se puder**. São Paulo: Moderna, 2002. (Adaptado.)

8 Escreva locuções adjetivas ou adjetivos que tenham o mesmo sentido dos adjetivos e locuções adjetivas em destaque.

Um elefante **delicado** (___________________________)
levou uma bronca,
ficou **emburrado** (___________________________)

Um coelho **valente** (___________________________)
entrou numa briga,
ficou **sem dente** (___________________________)

Um leão **vaidoso**, (___________________________)
bateu um vento,
ficou **horroroso**. (___________________________)
[...]

Eva Furnari. **Assim assado**. São Paulo: Moderna, 1991.

Texto informativo

Comparar para caracterizar

1 Observe e compare as três fotos.

tartaruga

besouro

sapo

2 Utilize os adjetivos **maior** e **menor** para completar as frases e comparar os animais das fotos.

a) O sapo é _________________ do que _________________________.

b) A tartaruga é _________________ do que _________________________.

c) O besouro é _________________ do que _________________________.

3 Agora, vamos dar as características de cada um desses animais, intensificando suas qualidades. Veja o exemplo e, depois, faça o mesmo.

A tartaruga é muito pequena. Ela é **pequeniníssima**.

a) O besouro é muito forte. Ele é _________________________.

b) O sapo é muito claro. Ele é _________________________.

4 Continue intensificando as qualidades com uma só palavra.

a) Flor extremamente perfumada. Flor _________________________.

b) Filme muito violento. Filme _________________________.

c) Animal muito feroz. Animal _________________________.

d) Cabelo lindo, lindo! Cabelo _________________________.

5 Leia um trecho do livro **Viagem ao centro da Terra**, de Júlio Verne. A história começa quando o professor Lidenbrock encontra um pergaminho. Observe.

[...]

Era um pergaminho **antigo**. Observando o documento com interesse, o professor comentou:

— Está escrito em islandês antigo! Quem será que escreveu? O que pode significar?

Sem dúvida, as inscrições eram **bem esquisitas**. Seu significado era um mistério. Reproduzo-as aqui, pois elas nos levaram a empreender **a mais fantástica** expedição do século XIX.

Júlio Verne. **Viagem ao centro da Terra**.
São Paulo: Scipione, 2001. p. 5. (Adaptação de Lúcia Tulchinski.)

pergaminho

Releia as expressões destacadas.

● Por que você acha que elas aparecem dessa forma no texto?

____

Agora, reescreva as frases abaixo, intensificando as expressões destacadas de modo a tornar o texto mais emocionante e mais chamativo para o leitor.

a) Era um pergaminho **antigo**.

Era um pergaminho ______________________.

b) Sem dúvida, as inscrições eram **bem esquisitas**.

Sem dúvida, as inscrições eram ______________________

______________________.

6 A reportagem "Como se faz a casa da abelha", a ser publicada em uma revista infantil, está fora de ordem.

Ajude o editor a organizar o texto, ordenando os parágrafos corretamente. Faça da seguinte forma: 1º, 2º, 3º e assim por diante.

Uma casa de cera

As paredes da colmeia são erguidas com favos – feitos de cera produzida pelas abelhas-operárias. Cada pedaço de seis lados é um favo (o formato não deixa o mel escorrer).

Na temperatura certa

Para que a cera com a colmeia que foi erguida continue resistente, é preciso manter a temperatura do lugar no nível certo. Se passar de 36 graus Celsius, as abelhas batem as asas para refrescar o espaço. Outras até trazem gotinhas de água para umedecer o ambiente. Assim, o grupo fica em segurança, no lar, doce lar!

Hora de construir

Ao encontrarem um bom lugar, as abelhas constroem as paredes, de cima para baixo, presas ao teto. É pura arquitetura!

Tudo pronto?

Paredes terminadas, é hora de a rainha depositar ovos nos buracos dos favos. Cada grupo de abelhas tem uma tarefa: algumas viram babás das larvas e outras evitam que os favos estraguem (eles receberão mel).

Procurando um novo lar

Abelhas moram em colmeias. Sempre que uma colmeia fica superlotada, é hora de começar a construir nova casa. Então, metade das moradoras saem à procura de espaços seguros e escuros. A abelha-rainha vai junto: os ovos dela são importantes para formar o novo lar.

Revista **Recreio**, nº 733, 27 mar. 2014. p. 10-11.

7 Observe a imagem a seguir e escreva por extenso os números que indicam as quantidades de

a) jogadores de futebol: ____

b) torcedores em geral: ____

c) torcedores usando óculos escuros: _____________________________________

d) torcedores com chapéu: ____

Ruth Rocha. **Superatividades da Ruth Rocha**. São Paulo: Melhoramentos, 2007. p. 28.

8 Leia o texto a seguir.

A equipe paralímpica brasileira tem um histórico de conquistas impressionante, não apenas pelo desempenho e talento de nossos paratletas, mas por conta dos investimentos em tecnologia nos seus mais diversos aspectos. Vale lembrar que em **20** anos de competições internacionais – os jogos paralímpicos começaram em Barcelona, em **1996** –, os paratletas do Brasil evoluíram muito. Esse desempenho se deve à combinação entre ciência e tecnologia.

Paratleta treinando em pista de corrida.

[...]

O esporte adaptado, ou seja, feito com alguns acessórios que possibilitassem a participação de pessoas com alguma deficiência, surgiu na década de 1940, para reabilitar soldados que serviram na **Segunda** Guerra Mundial. Esses soldados se tornaram atletas e participaram dos **primeiros** jogos como arqueiros em cadeiras de rodas.

Paralimpíadas, você conhece? **Ciência Hoje das Crianças**. Disponível em: <http://chc.org.br/paralimpiadas-voce-conhece/>. Acesso em: 16 mar. 2020.

a) Distribua os numerais em destaque no quadro a seguir.

Numerais ordinais	Numerais cardinais

b) Ligue as palavras às suas definições.

Ordinal		Numeral usado para indicar a quantidade exata de seres e objetos.
Cardinal		Numeral usado para indicar ordem de elementos.

Algarismos romanos: usos

1 Leia e observe os quadros com os algarismos romanos até vinte.

I – 1	VI – 6	XI – 11	XVI – 16
II – 2	VII – 7	XII – 12	XVII – 17
III – 3	VIII – 8	XIII – 13	XVIII – 18
IV – 4	IX – 9	XIV – 14	XIX – 19
V – 5	X – 10	XV – 15	XX – 20

Alguns tipos de relógio usam algarismos romanos para indicar as horas. Alguns livros também usam algarismos romanos para indicar os capítulos ou os volumes de uma coleção. Em placas antigas também encontramos datas escritas em algarismos romanos.

Joao Seabra/Shutterstock

pjcross/Shutterstock

john330/Shutterstock

Coloque os ponteiros no relógio para indicar **seis horas**.

Banco de imagens/Arquivo da editora

2 Observe as figuras:

Agora, complete as frases, substituindo as palavras que indicam os capítulos por algarismos romanos.

a) O Cebolinha está lendo o **quinto** capítulo do livro.

O Cebolinha está lendo o capítulo __________.

b) O Cascão está no **terceiro** capítulo do livro com capa roxa.

O Cascão está no capítulo __________ do livro com capa roxa.

c) O Cascão já leu até o **sétimo** capítulo do livro de capa azul.

O Cascão já leu até o capítulo __________ do livro de capa azul.

3 Veja a mensagem que o homem está mostrando. Nela, foi apagado o número de prisioneiros: 15. Escreva esse número na placa usando algarismos romanos.

Acentuação

Relembrando:

De acordo com a posição da sílaba tônica, a palavra recebe uma classificação:

- **oxítona**: se a tônica é a última sílaba.
- **paroxítona**: se a tônica é a penúltima sílaba.
- **proparoxítona**: se a tônica é a antepenúltima sílaba.

1 Escreva o nome de cada imagem.

__________________ __________________ __________________

__________________ __________________

Ilustrações: Vicente Mendonça/ Arquivo da editora

__________________ __________________

__________________ __________________ __________________

2 Distribua as palavras escritas no exercício anterior no quadro a seguir de acordo com a posição da sílaba tônica.

oxítona	paroxítona	proparoxítona

3 Com base nas palavras escritas nos exercícios anteriores, assinale verdadeiro (V) ou falso (F).

a) Nenhuma proparoxítona é acentuada.

b) Oxítonas terminadas em **-a**, **-e**, **-o**, **-em**, **-ens** são acentuadas.

4 Leia o trava-língua.

Tinha tanta tia tantã.
Tinha tanta anta antiga.
Tinha tanta anta que era tia.
Tinha tanta tia que era anta.

Domínio público.

a) Quais são os sons que se repetem no trava-língua?

b) Indique os sons e copie as palavras em que esses sons aparecem.

c) O trava-língua faz um jogo com duas palavras escritas praticamente do mesmo modo:

TANTA e TANTÃ.

Quais das alternativas estão corretas sobre essas palavras? Assinale com um **X**.

☐ Uma marca na escrita diferencia uma da outra (o acento).

☐ São diferentes quanto à posição da sílaba tônica.

☐ As duas são paroxítonas.

☐ Uma delas é oxítona.

☐ As duas têm o mesmo significado.

☐ **Tanta** se refere a uma grande quantidade.

☐ **Tantã** é sinônimo de louco, maluco.

☐ As duas palavras são pronunciadas do mesmo modo.

5 Considerando as duas palavras usadas no trava-língua que você leu na atividade 4, **tanta** e **tantã**, e o que você sabe sobre a classificação das palavras quanto à sílaba tônica, responda aos itens a seguir.

a) Qual delas é a palavra oxítona?

____

b) Qual delas é a palavra paroxítona?

____

c) Que outra palavra paroxítona do trava-língua também faz jogo sonoro com essas duas?

____

Artigo de opinião

Palavras de ligação e partes do texto

As palavras de ligação são assim chamadas porque podem estabelecer várias relações de sentido entre duas palavras, como posse, lugar, tempo, modo, finalidade, etc. Lembre-se de que uma **mesma palavra de ligação** também pode estabelecer **sentidos diferentes**.

Escreva a relação que a palavra de ligação em destaque estabelece.

a) Ela procurou o gato **embaixo**, mas ele estava **em cima** da ponte.

____

b) Para fazer esse doce, é preciso utilizar as maçãs **sem** casca.

____

c) Desse ponto **em diante**, a estrada é muito perigosa.

____

d) Desse ponto **em diante**, todos pararam de falar.

____

e) A mulher deu mais comida **para** a galinha botar mais ovos.

____

f) O povo voltou **para** o lugar reservado.

____

g) Isso aconteceu porque ele não cortava o tecido **com** cuidado.

____

h) Ela foi à feira **com** a mãe naquele dia.

____

i) Ele gritava **de** dor porque a queda tinha sido grande.

____

Verbo: uma forma de marcar o tempo

Quanta variação de temperatura!

1 Leia o que o jornal publicou.

> Tempo instável, temperatura máxima de 30 graus e mínima de 16 graus, nuvens carregadas e chuva.

Você notou que esse texto não tem verbos? Então, vamos reescrevê-lo usando os verbos **estar**, **variar**, **haver** e **vir**, nessa ordem. Não se esqueça de fazer as adaptações necessárias.

a) No presente:

O tempo ___________________ instável, a temperatura ___________________ da máxima de 30 graus à mínima de 16 graus. ___________________ nuvens carregadas e ___________________ chuva.

b) No passado ou pretérito:

O tempo ___________________ instável, a temperatura ___________________ da máxima de 30 graus à mínima de 16 graus. ___________________ nuvens carregadas e ___________________ chuva.

c) No futuro:

O tempo ___________________ instável, a temperatura ___________________ da máxima de 30 graus à mínima de 16 graus. ___________________ nuvens carregadas e ___________________ chuva.

2 Leia a notícia.

Cachorros chegam à terceira idade

Faz parte da vida... Seu amigão passou todas as fases ao seu lado: perdeu os dentinhos, roeu os móveis da casa, brincou com a bolinha no parque e, agora, está na terceira idade. Focinhos brancos, perda dos dentes, surdez e cegueira fazem parte do peludinho que, mesmo não sendo mais aquele filhote arteiro, continua charmoso.

Cachorros chegam à terceira idade sem perder o charme; veja que fofuras.
R7. Disponível em: <http://entretenimento.r7.com/bichos/fotos/cachorros-chegam-a-terceira-idade-sem-perder-o-charme-veja-que-fofuras-29052014?foto=1#!/foto/1>. Acesso em: 16 mar. 2020.

Nesse trecho há verbos no passado e no presente.

a) Copie do texto os verbos que foram empregados no:

- passado ______________________________________

- presente ______________________________________

b) Reescreva o trecho abaixo como uma previsão para o **futuro**, modificando os verbos.

Seu amigão passou todas as fases ao seu lado: perdeu os dentinhos, roeu os móveis da casa, brincou com a bolinha no parque e, agora, está na terceira idade.

____

____

3 Leia a tirinha do personagem Armandinho.

© Armandinho, de Alexandre Beck/ Acervo do cartunista

beckilustras@gmail.com

Alexandre Beck. **Armandinho**. R7. Disponível em: <https://tirasarmandinho.tumblr.com/post/113819416619/tirinha-original>. Acesso em: 23 mar. 2020.

a) Qual é o tempo dos verbos empregados? ______________________________________

b) Reescreva a fala do menino no último quadrinho para mostrar algo que acontecerá no futuro. ______________________________________

4 Observe a cena abaixo.

a) Encontre e circule na cena sete coisas malucas.

b) Complete a frase usando o verbo no tempo passado.

O menino e o pato ___________________ na banheira às três horas da tarde. (estar)

c) Agora, reescreva a frase do item **b** no tempo futuro.

____

____

____

Formação de palavras

1 Leia.

> Pescador saiu a pescar.
> Foi com amigos a uma pescaria,
> Mas não pescou nada no pesqueiro,
> Comprou o peixe na peixaria!

Observe.

Para comprar peixe, o pescador foi à peix**aria**.

O sufixo **-aria** e o sufixo **-eria** podem indicar tipos de fábricas, lojas, oficinas.

Escreva o lugar aonde você iria se quisesse comprar:

a) vidros _______________________

b) pastéis _______________________

c) doces _______________________

d) hambúrguer _______________________

e) sorvete _______________________

f) joias _______________________

g) papéis _______________________

h) livros _______________________

i) pão _______________________

j) perfume _______________________

2 Observe.

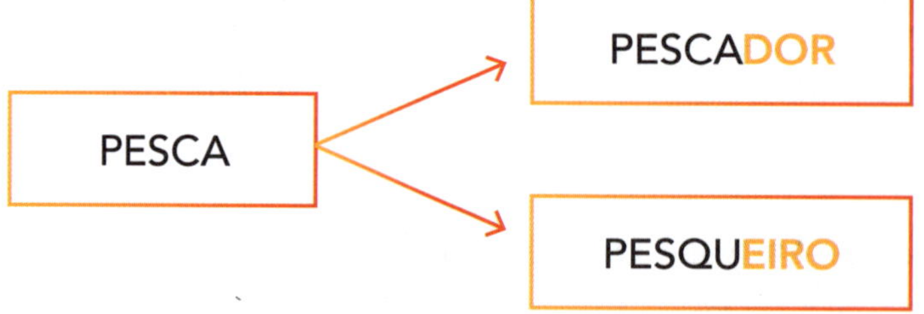

Quem pesca é pesca**dor**.

Os sufixos **-or** e **-dor** indicam pessoas que agem, que fazem algo.

Agora, utilize o sufixo **-or** ou **-dor** para escrever a palavra primitiva que indica o que faz o:

a) trabalhador _______________

b) cantor _______________

c) jogador _______________

d) vendedor _______________

e) pintor _______________

f) leitor _______________

g) lavrador _______________

h) lutador _______________

i) educador _______________

3 Aonde o pescador foi pescar com seus amigos?

____

> O sufixo **-eiro** pode indicar lugar, como banh**eiro**, mas também pode indicar ofício, profissão.

4 Usando os sufixos **-eiro** ou **-eira**, escreva as profissões correspondentes a:

a) entregar cartas _______________

b) recolher o lixo _______________

c) consertar sapatos _______________

d) atender à portaria _______________

e) cuidar do jardim _______________

f) consertar relógios _______________

g) vender jornais _______________

5 Há outras formas de indicar profissões usando sufixos. Utilize o sufixo adequado para escrever a profissão de quem:

a) cuida e trata dos dentes das pessoas _______________

b) atende ao balcão de loja _______________

c) trabalha com arranjos de flores _______________

d) vende seus produtos na feira _______________

e) dirige ônibus, carro ou táxi _______________

f) faz malabarismos no trapézio _______________

Profissionais procurados para as funções de:

1. Cozinhar para os hóspedes
2. Receber os turistas
3. Carregar malas
4. Arrumar os quartos
5. Fazer faxina
6. Receber pagamentos na tesouraria
7. Manobrar carros
8. Cuidar dos jardins
9. Cantar no restaurante

Hotel
Férias dos Sonhos

ADMITIMOS PARA INÍCIO IMEDIATO:

1. ____
2. ____
3. ____
4. ____
5. ____
6. ____
7. ____
8. ____
9. ____

7 Leia.

O pescador descontente
Por nenhum peixe pescar
Disse que era impossível
Levar peixe sem comprar!

BlueRingMedia/Shutterstock

Observe..

| **Des**contente | → | é o contrário de contente. |
| **Im**possível | → | é o contrário de possível. |

Sabendo que os prefixos **des-** e **im-/in-** indicam "contrário" ou "negação", faça as substituições para indicar o contrário de:

a) capaz ___________________________

b) direto ___________________________

c) perfeito ___________________________

d) ordem ___________________________

e) contente ___________________________

f) animado ___________________________

g) tampado ___________________________

h) feliz ___________________________

i) feito ___________________________

j) igual ___________________________

k) perdoável ___________________________

l) satisfeito ___________________________

m) elegante ___________________________

n) puro ___________________________

o) atar ___________________________

5 • Reportagem

Verbo: tempos e modos

1 Leia a seguir o trecho de uma reportagem.

> Como em "Rio: o filme", as ararinhas **se apaixonam**. **Costumam ter** só um namorado ou namorada na vida. A reprodução em cativeiros só **ocorre** quando as aves **encontram** seus parceiros.
>
> Luiza Wolf. Xô, extinção. **Folha de S.Paulo**, São Paulo, 21 set. 2013. Folhinha. p. 3.

a) Os verbos destacados no trecho sobre as ararinhas indicam fatos que:

☐ aconteceram há muito tempo.

☐ podem ou não acontecer.

☐ acontecem sempre.

☐ acontecerão no futuro.

☐ nunca acontecerão.

Marcos Guilherme/Arquivo da editora

b) Se as ararinhas já estivessem extintas, como ficaria esse trecho? Reescreva-o.

____

____

____

____

____

c) Qual tempo você utilizou nos verbos para reescrever o trecho?

____

2 Leia outro trecho da reportagem.

> A previsão é que em 2021 **elas possam** ser soltas.
>
> Grande parte do esforço vem da fundação Al Wabra, no Qatar. Lá vivem 67 ararinhas. "O Brasil precisa ter mais ararinhas se reproduzindo **para que possamos enviar** as nossas ao país" [...]
>
> Luiza Wolf. Xô, extinção. **Folha de S.Paulo**, São Paulo, 21 set. 2013. Folhinha. p. 3.

a) Observe as expressões verbais marcadas nesse trecho. Elas indicam:

- [ ] fatos que aconteceram há muito tempo.
- [ ] fatos que podem ou não acontecer.
- [ ] fatos que acontecem sempre.

b) Imagine que as ararinhas se reproduziram bastante e não correm mais risco de extinção. Como ficaria o trecho a seguir? Reescreva-o.

> "O Brasil precisa ter mais ararinhas se reproduzindo **para que possamos enviar** as nossas ao país".

____

____

3 Leia um trecho de uma reportagem sobre **Os direitos das crianças**.

> ### Você conhece os seus direitos?
>
> Toda criança poderia escrever uma lista com o que considera importante para sua vida. Entre os itens, com certeza, estariam brincar, ter uma casa, receber atenção e carinho. Também não poderíamos esquecer: ter uma boa alimentação e assistência médica, se divertir, estudar, ser tratada com respeito, e até ter um nome e uma nacionalidade. [...]
>
> Thaís Yuri. Você conhece os seus direitos? **Folhinha online**.
> Disponível em: <www1.folha.uol.com.br/folha/criancas/2002-direitos.shtml>. Acesso em: 16 mar. 2020.

O que mais você acrescentaria nessa lista? Dê continuidade à frase:

- Se eu tivesse poder, eu gostaria que toda criança ______________________________

____

4 Leia a frase:

Mas estes direitos não apenas **existem** como **estão** documentados há mais de 40 anos.

As formas verbais em destaque indicam que:

☐ os direitos da criança já existem no tempo presente.

☐ os direitos da criança nunca existiram.

☐ os direitos da criança existem há muito tempo.

5 Reescreva as frases, substituindo os verbos destacados de modo que expressem os fatos como algo certo, real.

a) Toda criança **poderia escrever** uma lista com o que considera importante para sua vida.

____

b) Entre os itens, com certeza, **estariam** brincar, ter uma casa, receber atenção e carinho.

____

6 Leia esta estrofe da canção "Não tenho lágrimas", de Paulinho da Viola.

[...]
Se eu chorasse
Talvez desabafasse
O que sinto no peito
[...]

Max Bulhões; Milton DeOLiveira. **Não tenho lágrimas**. Disponível em: <http://letras.mus.br/paulinho-da-viola/1191644/>. Acesso em: 16 mar. 2020.

Reescreva os versos, fazendo a adaptação para o tempo presente.

Dica: nos seus versos, elimine a palavra "talvez".

● Quando eu choro: __________________________________

____

Outras formas de marcar o tempo e o espaço nos textos: advérbios e locuções adverbiais

1 Leia a tirinha.

Charles M. Schulz. Minduim. **O Estado de S. Paulo**, 28 mar. 2011. Caderno 2. p. D4.

Assinale a alternativa correta.

a) A palavra **atrás**, que aparece no balão do primeiro quadrinho, é um advérbio de:

☐ tempo   ☐ modo   ☐ lugar

b) A palavra **ontem**, que aparece em um dos balões do segundo quadrinho, é um advérbio de:

☐ modo   ☐ tempo   ☐ negação

2 Leia as piadas para responder ao que se pede.

Piada 1:

> A professora dirige-se a um aluno:
>
> — Diga rapidamente uma palavra que começa com a letra C.
>
> — Vassoura! — disse o aluno.
>
> — E onde está a letra C?
>
> — No cabo, professora!
>
> Domínio público.

Qual é o advérbio de lugar?

Piada 2:

De madrugada, um homem entrou apressadamente **na farmácia** e per-
guntou:

— Tem algum remédio para barata?

O farmacêutico respondeu debochadamente:

— Depende. O que a barata tem?

Domínio público.

avtor painter/Shutterstock

Ligue as palavras ao tipo de advérbio.

de madrugada	advérbio de lugar
na farmácia	advérbio de tempo

Piada 3:

Um senhor se aproxima desesperadamente de um homem rico:

— Preciso de um milhão até amanhã.

E o outro, se afastando rapidamente, diz:

— Até amanhã.

Domínio público.

Copie os advérbios.

____

Verbos terminados em -am ou -ão

1 Leia um trecho do conto **A Bela e a Fera** e copie os verbos que encontrar.

> Mesmo arrogantes e feias, as irmãs de Bela encontraram muitos moços que queriam se casar com elas. Mas achavam defeitos em todos e declaravam que só aceitariam por marido um duque ou um conde.
>
> Versão das autoras para o conto **A Bela e a Fera**.

____

2 Reescreva as frases a seguir, que indicam tempo passado, passando os verbos terminados em **-am** para o tempo **futuro**.

a) [...] as irmãs de Bela encontraram muitos moços [...].

____

b) Mas achavam defeitos em todos [...].

____

c) [...] só aceitariam por marido um duque ou um conde.

____

3 Reescreva as frases abaixo variando os verbos para que indiquem algo que acontece no momento **presente**.

a) A Bela e a Fera dançarão no baile do castelo.

____

____

b) As irmãs da Bela não conseguirão esquecer o estranho acontecimento.

____

____

c) O pai da Bela e a Fera se reconciliarão no final da história.

____

4 Leia as duas charadas.

- O que um termômetro e o professor têm em comum?
- Qual é a semelhança entre o fogo e a sede?

Complete as respostas das charadas com verbos que indiquem **presente**.

Resposta da 1ª charada:

O que um termômetro e o professor têm em comum é que, quando os

dois ___________________ zero, todo mundo treme!

Resposta da 2ª charada:

A semelhança entre o fogo e a sede é que os dois ___________________
a água!

5 Vamos completar com verbos as frases da história de Dudu e Lia.

a) Dudu e Lia se ___________________ há muito tempo. (conhecer)

b) Eles ___________________ juntos, ___________________ e
___________________ se casar. (trabalhar / namorar / resolver)

c) Hoje ________ o casamento dos dois. (ser)

d) Amanhã eles ___________________ para a praia e na próxima
semana se ___________________ para outra cidade. (viajar / mudar)

Vendesse ou vende-se?

1 O que será que a menina quer?

O texto a seguir é uma reprodução do texto do balão de fala da menina. Preencha as lacunas, substituindo os símbolos ◆ pelos verbos indicados no quadro. Faça as adequações necessárias.

Alberto de Stefano/Arquivo da editora

abrir	dizer	pedir	assistir	rir	existir

Se você _____________________ a porta e _____________________ para falar comigo...

Se você _____________________ que teve muitas saudades... Se você _____________________ à TV comigo e _____________________ de minhas piadas, eu seria feliz! Ah, um cachorrinho falante! Seria tão bom se você _____________________!

2 Complete as frases com **vendesse** ou **vende-se**.

a) _____________________ sorvete de vários sabores.

b) Se eu _____________________ minha bicicleta, poderia comprar um *videogame*.

c) Se você _____________________ sua casa na cidade, daria para morar na praia.

d) _____________________ um carro muito antigo.

3 Use uma das formas verbais abaixo para completar a mensagem da placa.

a) Procurasse

b) Procurassem

c) Procura-se

Matthew Cole/Shuterstock

Conto de adivinhação

Um pouco mais sobre advérbios e locuções adverbiais

Na página 44 há uma tabela com sugestões de advérbios e locuções adverbiais de lugar, de modo, de tempo, etc. Ela foi colocada no final das atividades para que você a consulte somente em caso de dúvida.

1 Leia um trecho do livro **A ilha do tesouro**.

> Na manhã seguinte, a ilha parecia bem diferente. Tínhamos avançado bastante à noite, apesar da calmaria, e estávamos próximos à costa. [...]
>
> O vento soprou mais forte. John pegou o timão, margeou a ilha e, sem hesitar, levou o navio ao porto indicado no mapa, atrás da Ilha do Esqueleto. Uma nuvem de pássaros alçou voo, ruidosamente, quando ancoramos. Depois tudo silenciou.
>
> Robert L. Stevenson. **A ilha do tesouro**. São Paulo: Scipione, 2002. p. 23.

a) Na frase abaixo há um advérbio e uma locução adverbial. Circule-os.

> Na manhã seguinte, a ilha parecia bem diferente.

b) Você circulou uma locução adverbial de:

☐ modo ☐ lugar ☐ negação ☐ tempo

c) No trecho abaixo, há um advérbio e duas locuções adverbiais. Quais são eles?

> Tínhamos avançado bastante à noite, [...] e estávamos próximos à costa. [...]

____

d) Copie a frase em que o advérbio de modo foi empregado para indicar "com muito barulho".

____

e) Circule um advérbio de lugar neste trecho:

> John pegou o timão, margeou a ilha e, sem hesitar, levou o navio ao porto indicado no mapa, atrás da Ilha do Esqueleto.

f) Circule o advérbio de intensidade e troque-o por outro com o mesmo sentido.

O vento soprou mais forte.

2 Leia a tirinha.

Charles M. Schulz. Minduim. **O Estado de S. Paulo**. São Paulo, 2 dez. 2005. p. D12.

Sim, **mais bem**, **lá**, **não**, **de manhã** são advérbios e locuções adverbiais:

a) ☐ de afirmação, de intensidade, de lugar, de negação, de tempo.

b) ☐ de afirmação, de modo, de tempo, de negação, de tempo.

c) ☐ de modo, de intensidade, de lugar, de negação, de tempo.

d) ☐ de intensidade, de modo, de lugar, de negação, de tempo.

3 Imagine um viajante do espaço chegando de sua viagem.

Preencha o balão de fala com o que ele poderia dizer, usando um advérbio ou uma locução adverbial de tempo.

Alguns advérbios e locuções adverbiais para consulta

Advérbios de lugar	abaixo, acima, dentro, fora, aí, além, ali, atrás, cá, dentro, embaixo, lá, longe, perto, etc.
Advérbios de tempo	hoje, ontem, anteontem, amanhã, atualmente, brevemente, sempre, nunca, jamais, cedo, tarde, antes, depois, logo, já, agora, ora, então, outrora, aí, quando, etc.
Advérbios de modo	assim, bem, mal, depressa, devagar, melhor, pior, generosamente, cuidadosamente, etc.
Advérbios de negação	não, tampouco (também não), nunca, negativamente, jamais, etc.
Advérbios de afirmação	sim, certo, realmente, certamente, decididamente, etc.
Advérbios de intensidade	bem, mais, menos, pouco, muito, tanto, demais, bastante, quase, etc.
Locuções adverbiais de tempo	em breve, nunca mais, hoje em dia, de tarde, à tarde, à noite, à noitinha, ao pôr do sol, de manhã, de noite, de repente, etc.
Locuções adverbiais de lugar	de longe, de perto, em cima, ao lado, em volta, à direita, à esquerda, etc.
Locuções adverbiais de modo	de propósito, às pressas, à toa, à vontade, às escondidas, aos poucos, desse jeito, desse modo, dessa maneira, em geral, frente a frente, lado a lado, a pé, de cor, em vão, etc.
Locuções adverbiais de negação	de modo algum, de jeito nenhum, de forma nenhuma, etc.

Outras palavras de ligação

1 Vamos imaginar uma história espacial?

Observe a imagem:

Vicente Mendonça/Arquivo da editora

Vamos descobrir o que aconteceu com esse viajante do espaço?

Para ler esta história, é preciso completar as lacunas com palavras de ligação.

Escolha as palavras e complete a história.

Consulte o quadro no final da página, se precisar de ajuda.

Nosso herói lutou em uma batalha ___________________ os alienígenas.

Não imaginava que teria de enfrentá-los _________ que a batalha seria dura, _________ estava só ___________________ seu amigo havia voltado ___________ a nave.

___________________________ a batalha, o capitão retornou até o local combinado.

___________________________ chegou, viu que a nave estava destruída.

Texto escrito pelas autoras.

a	até	após	de	desde	com	contra	em	entre	para
por	sem	sob	sobre	nem	mas	porque	quando		

A mulher que possuía uma galinha

Uma galinha botava um ovo ________________ dia.

A mulher que possuía tal galinha imaginou quanto lucro teria se a galinha conseguisse botar o dobro _________ ovos todos os dias.

Pensou _______ pensou _________ chegar à conclusão de que deveria dar o dobro _________ alimento _________ a galinha. Ela imaginou que, _____________ o aumento da alimentação, _______________ alguns dias, a galinha passaria a botar mais ovos.

E assim foi feito.

_________ alguns dias, para surpresa da mulher, o que aconteceu foi _____________ o efeito desejado: comendo mais do que precisava, a galinha engordou tanto que, _______________ um ovo por dia, nunca mais botou.

Moral da história: É melhor contar _________ um pouco todos os dias do que ficar todos os dias _________ nada.

Versão das autoras para a fábula de Esopo.

Complete as lacunas com palavras ou expressões do quadro abaixo de modo a atribuir sentido à história.

para	com	após	em lugar de
sem	de	até	mediante	contra
e	de	ao fim de	ao longo do

Sons nasais

Som nasal com ~ (til)	Som nasal com **m**	Som nasal com **n**

1 Leia os títulos e circule as palavras que têm **som nasal**.

Divulgação/Empire Films

Reprodução/Modo Editora

Reprodução/Editora WMF Martins Fontes

2 Leia as tirinhas e escreva as palavras que têm som nasal.

© Frank & Ernest, Bob Thaves/Dist. by Andrews McMeel Syndication

Bob Thaves. **O Estado de S. Paulo**. São Paulo, 17 ago. 2006. p. D8.

© Caco Galhardo/Acervo do cartunista

Caco Galhardo. **Folha de S.Paulo**. São Paulo, 17 ago. 2005. p. E7.

3 Utilize as palavras com som nasal do quadro e complete as frases.

> campina   balões   personagem   sobrevoaram
>
> ontem   inveja   quando   impressão

a) Fomos ao cinema _________________________ para assistir a um filme de ficção científica.

b) Na história de ficção o _________________________ era um robô.

c) Muitos _________________________ o céu naquela noite de dezembro retratada no filme.

d) Os extraterrestres sentiam _________________________ dos humanos.

e) _________________________ a espaçonave pousou na Terra, a _________________________ ficou queimada.

f) Tivemos a _________________________ de que era realidade aquela história de ficção científica.

4 Resolva a cruzadinha.

a) Conjunto de músicos.

b) Aumentativo de carro.

c) Criminoso, malfeitor.

d) Marca ou desenho feito na pele.

e) Aquele que vence um campeonato.

f) Doce recheado de creme.

● Na coluna vertical destacada será formado o nome de um ser mitológico que cospe fogo.

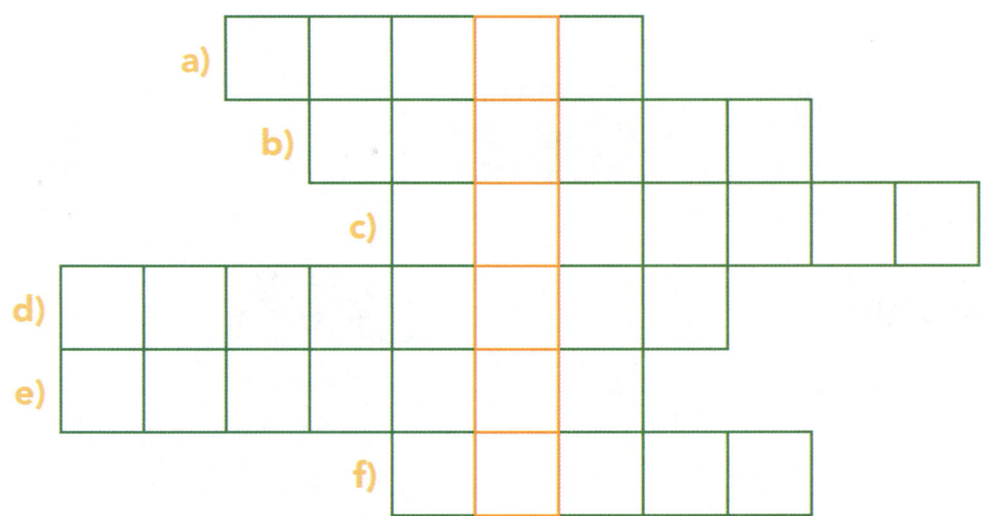

Unidade 7

Texto instrucional

Usos do verbo no imperativo

1 Leia o texto a seguir.

> ### Guerra de forças
>
> **Material:** 10 cm de linha • 1 clipe grande • 1 ímã • Fita adesiva
>
> **1** Amarre a linha no clipe. Cole a outra ponta da linha em uma mesa.
>
> **2** Erga o clipe até a linha ficar esticada na vertical. Segure o ímã logo acima do clipe.
>
> **3** Solte o clipe e ele ficará suspenso no ar. Levante aos poucos o ímã, devagar. O campo magnético ao redor do clipe ficará cada vez mais fraco em relação ao campo gravitacional da Terra. Em certo ponto, a gravidade vencerá a batalha e o clipe cairá.
>
> Mike Goldsmith. **Ciência**: descobertas, teorias e experimentos divertidos.
> São Paulo: Publifolhinha, 2015.

a) Qual é o objetivo desse texto?

____

b) Pinte no texto os verbos que indicam ações para o leitor.

c) Os verbos pintados expressam:

☐ ordem   ☐ pedido   ☐ conselho   ☐ regras

2 Complete as lacunas do cartaz com o verbo **poupar** no imperativo afirmativo.

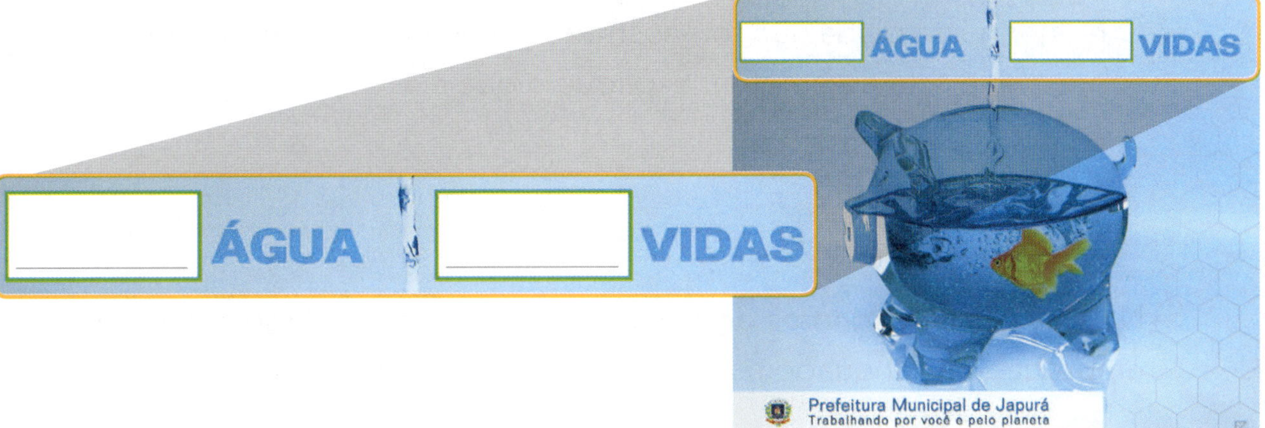

Reprodução/FZ Comunicação & Marketing

Cartaz produzido para campanha de conscientização do uso da água da prefeitura do município de Japurá (PR).

3 Escreva frases para os quadrinhos usando verbos no imperativo negativo.

a) Contra o desperdício de água:

____

____

____

____

b) Contra a poluição dos rios:

____

____

____

____

Pronomes pessoais

1 Leia a piada.

O menino pergunta ao pai:

— Pai, **você** sabe escrever no escuro?

— Acho que sim. O que é que **você** quer que eu escreva?

— Seu nome no meu boletim.

Disponível em: <www.clickgratis.com.br/piadas/familia>. Acesso em: 17 mar. 2020 (Adaptado).

a) O humor nessa piada não foi mostrado claramente. É preciso concluir algo sobre o que está no boletim. Explique o que é.

____

____

b) Na piada há um pronome de tratamento em destaque. Esse pronome é mais empregado na linguagem informal ou na linguagem formal?

____

2 Agora, leia esta piada.

A professora pede ao Carlinhos:
— Faça uma frase com o pronome **consigo**.
E o Ca,rlinhos responde:
— Eu não consigo correr muito.

Domínio público.

a) O que provoca o humor nessa piada? _______________________________

____

b) Assinale a frase em que a palavra **consigo** está empregada como pronome e não como o verbo **conseguir**.

☐ Eu não consigo sair no sol sem óculos escuros.

☐ Para guardar uma lembrança dos pais, levou consigo o primeiro livro que ganhou deles.

☐ Você acha que eu consigo correr tanto tempo?

c) Qual é o significado do pronome **consigo** nessa frase?

☐ com ele mesmo ☐ com você ☐ comigo

3 Leia a tirinha e circule o pronome que aparece no primeiro quadrinho.

Mauricio de Sousa. **Turma do Penadinho**. © Mauricio de Sousa Editora Ltda.

● Qual é a função da palavra **consigo** no segundo quadrinho?

____

Acentuação de palavras paroxítonas

1 Leia a tirinha.

Charles M. Schulz. **Snoopy**. © 1980 Peanuts Worldwide LLC.

a) Circule a sílaba tônica de cada uma das palavras a seguir e, depois, ligue-as à classificação correspondente.

Deveríamos	
Arrependimentos	oxítona
Mordi	paroxítona
Ninguém	proparoxítona
Gente	

b) Copie as palavras que receberam acento gráfico. Em seguida, explique por que receberam o acento gráfico.

____

____

____

2 Classifique as palavras pintando de acordo com a legenda.

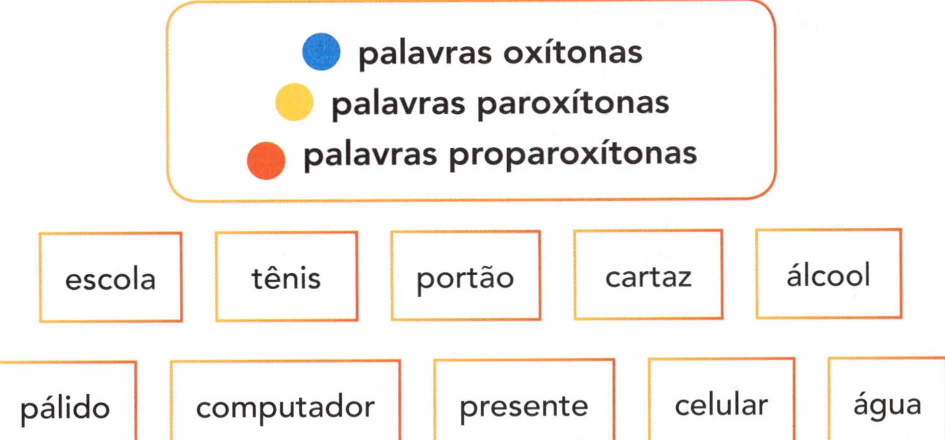

3 Leia as palavras do quadro a seguir.

irmã	ímã
pagã	órfã

a) Pinte a sílaba tônica dessas palavras.

b) Qual regra justifica que as palavras da segunda coluna recebam acento gráfico?

4 Leia os pares de palavras do quadro. Compare as sílabas tônicas e coloque acento gráfico quando necessário.

jejum	album
correr	carater
sacis	lapis
joguei	joquei
pirex	torax

O que as palavras que receberam acento gráfico têm em comum?

8 Texto teatral

Pontuação, entonação e expressividade

1 Releia, em voz alta, o trecho do texto teatral que você conheceu na Unidade 8. Observe os sinais de pontuação empregados.

> *(Por baixo de um guarda-chuva, surge o fantoche Chuvisco.)*
>
> **Atores** – Chuvisco chegou! Psiu! Psiu! Ploc! Chuvisco chegando é pingo--respingo molhando!
>
> **Ator** – Bom dia, Chuvisco! Será que hoje vai chover?
>
> **Chuvisco** – Psiu! Fale baixo. Psiu! Ui! Ui!
>
> **Atriz** – O que foi que aconteceu, Chuvisco? O que é isto?
>
> **Chuvisco** – Psiu! Ui! Ui! Ui! Ui! Ui... ai... ai! Ele está zangado! Psiu! Ele está zangadão!
>
> Sylvia Orthof. **Eu chovo, tu choves, ele chove...** Rio de Janeiro: Objetiva, 2001. p. 15-25.

Nesse trecho, o sinal de exclamação foi muito empregado. Mas nem sempre o sentido produzido foi o mesmo.

a) Escolha entre as palavras abaixo as que podem expressar o sentido que o sinal de exclamação acrescenta a uma frase.

ESPANTO	MEDO	SURPRESA	CHAMAR A ATENÇÃO

Chuvisco chegou! _______________________

Ele está zangado! _______________________

Bom dia, Chuvisco! _______________________

Psiu! _______________________

b) Copie do trecho uma frase interrogativa.

____

c) Para que a vírgula foi empregada na frase "Bom dia, Chuvisco!"?

____

2 Leia a tirinha em voz alta.

Mauricio de Sousa. **Turma da Mônica**. © Mauricio de Sousa Editora Ltda.

Coloque os sinais de pontuação mais adequados para expressar o sentido do diálogo entre os personagens.

3 Leia um trecho do texto teatral **Dona Baratinha** em voz alta e, depois, coloque os sinais de pontuação para dar o sentido mais adequado ao texto e orientar melhor os atores.

> **Onça** — Bom dia Dona Baratinha Onde a senhora vai com tanta pressa
>
> **Baratinha** — Bom dia minha cara amiga Onça Estou indo ao banco depositar as minhas economias e fazer umas comprinhas
>
> **Onça** — Oh minha prendada amiga então deve se apressar pois hoje em dia é muito perigoso andar por aí com tanto dinheiro assim
>
> **Baratinha** — Isso é verdade Ah Gostaria que a amiga fosse a primeira a saber Resolvi que vou me casar
>
> **Onça** — Que maravilha E quem é o felizardo
>
> **Baratinha** — Pois é   ainda falta o noivo   ainda não tenho ninguém   Mas pretendo fazer uma boa escolha quando começar a seleção
>
> Celsis Palomero; Rogério Bozza. **D. Baratinha da Silva Só**. 2. ed. São Paulo: Renascer, 1996. p. 4.

Copie do texto duas falas com interjeições.

____

____

> Há palavras que servem para expressar emoções, sensações – de alívio, dor, dúvida, admiração, etc. São chamadas de **interjeições**.
>
> **Exemplos:** ah, oh, oba, ufa, atenção, ai, ui, chi (ou xi), ué, tomara, coragem, hum, hein, psiu, silêncio, puxa vida, cruz-credo, ora bolas, etc.

Palavras terminadas em -ice ou -isse

Vicente Mendonça/
Arquivo da editora

1 Leia o cartaz ao lado. Parece que alguém escreveu alguma coisa de forma errada.

Encontre o que precisa ser corrigido e escreva a frase corretamente.

____

2 Pinte no quadro as palavras que devem ser escritas com **-isse**.

v	o	m	s	p	a	r	t	i	s	s	e	b	r
e	r	y	u	s	s	a	v	g	s	x	s	a	s
w	a	s	e	s	a	s	a	t	e	s	t	f	a
e	s	r	a	b	r	i	s	s	e	u	r	e	í
e	r	y	u	s	s	a	e	t	e	s	t	f	s
e	r	y	u	s	s	a	v	g	s	x	s	a	s
s	o	r	r	i	s	s	e	f	e	s	s	a	e

a) Escreva as palavras que você encontrou.

____

b) O que essas palavras têm em comum?

____

3 É possível saber quando algumas palavras são escritas com **-ice**. Observe a formação e continue a lista a seguir.

a) Ser criança, fazer criancices.

b) Ser tolo, fazer _________________ .

c) Ser meigo, ter _________________ .

d) Ser chato, fazer _________________ .